Textos por Christina Goodings
Ilustraciones copyright © 2011 Claudine Gévry
Traductor y editor: Alejandro Pimentel
Esta edición copyright © 2011 Lion Hudson

Libros Desafío
2850 Kalamazoo Ave SE
Grand Rapids, Michigan 49560
Estados Unidos
www.librosdesafio.org
ISBN 978-1-55883-170-4

Primera edicion 2014
Derechos reservados

Original edition published in English
under the title *My Little Easter Story*
by Lion Hudson plc
Oxford, England
Copyright © Lion Hudson plc, 2011

Impreso y encuadernado en China
Printed and bound in China

Mi pequeña historia de
la Pascua

Christina Goodings

Ilustrado por Claudine Gévry

LIBROS DESAFÍO

Hace mucho tiempo que vivió en Galilea un hombre llamado Jesús.

Les decía a todos cómo poder vivir como amigos de Dios. «Traten a los demás como ustedes quisieran que los demás los traten» —les decía.

«Ámense unos a otros; amen incluso a aquellos que tratan mal a los demás. Perdónenles sus ofensas y Dios los perdonará a ustedes».

Un día, Jesús salió de Galilea rumbo a Jerusalén.

«Vamos a la fiesta de la Pascua» —les dijo a sus doce discípulos.

Cuando la gente vio a Jesús, empezaron a aplaudir y a saludarlo con ramas de palma.

Otros, en cambio, murmuraban. «Seguramente que estos creen que Jesús será el próximo rey. ¡Qué equivocados están!»

Jesús fue al templo de Jerusalén. El ruido del mercado
era insoportable. Los precios eran carísimos.

«¡Deténganse todos!» —gritó Jesús. «El templo es para
orar y no para hacerlo un mercado».

Volteó todas las mesas y expulsó a todos los
vendedores.

Los enemigos de Jesús empezaron a susurrar entre ellos.

«Lo que temíamos de Jesús es cierto. Se ha convertido en un problema».

«¿Cómo podemos deshacernos de él? Hay tantos que creen que él es una persona maravillosa».

Entonces, uno de los discípulos de Jesús fue a hablar con ellos en secreto.

«Si me dan dinero, yo les puedo decir cómo capturar a Jesús» —les dijo Judas.

Jesús sabía de estos planes, pero no dijo nada. Solamente pidió a sus discípulos que preparen la cena de la Pascua.

Cuando estaban todos sentados en la mesa, Jesús tomó el pan y lo partió en pedazos.

«Mi cuerpo será partido de la misma manera» —les dijo.

Luego, sirvió el vino. «Mi sangre será derramada como este vino» —les dijo.

«Cuando esto suceda, se darán cuenta que Dios ha hecho una nueva promesa a todo el mundo».

Los discípulos estaban confundidos. Pero Judas dejó la mesa sin que nadie se diera cuenta.

Jesús y sus once discípulos fueron a un huerto de olivos, llamado Getsemaní, para dormir.

Pero, Jesús se mantuvo despierto orando a Dios toda la noche. Sabía lo que estaba por suceder.

Entonces, Judas llegó acompañado de soldados. Arrestaron a Jesús y se lo llevaron.

El sacerdote encargado del templo había reunido a los enemigos de Jesús.

Estos dijeron con desprecio: «Tú enseñas tonterías. Y peor aún, has dicho a la gente que eres el rey que Dios ha escogido».

«Eso es lo que ustedes dicen» —les respondió Jesús.

«Creemos que eres un buscapleitos» —dijeron.

Era la mañana del viernes. Los enemigos de Jesús fueron donde el gobernador Poncio Pilato. Le dijeron que Jesús era una amenaza para el gobierno.

Pilato ordenó a sus soldados que mataran a Jesús.
Le pusieron una pesada cruz sobre sus hombros.
Lo clavaron a la cruz en una colina fuera de Jerusalén.
Jesús oró por todos sus enemigos:
«Padre, perdónalos».

Jesús murió bajo un cielo gris. Dos de sus amigos vinieron y se llevaron su cuerpo. Lo pusieron en un sepulcro y, mientras el sol se ocultaba, cerraron el sepulcro con una puerta de piedra.

El día de descanso recién empezaba. No podían hacer nada hasta el domingo.

El domingo en la mañana, algunas mujeres fueron a ver el sepulcro. Querían ver a Jesús por última vez y despedirse.

Pero, al llegar se sorprendieron al ver el sepulcro abierto. Y estaba vacío.

Allí estaban dos ángeles. «Jesús no está aquí» —dijeron. «Él vive. Dios ha cumplido su nueva promesa».

Al poco tiempo, los amigos y discípulos de Jesús empezaron a anunciar lo mismo.

«¡Hemos visto a Jesús! Dios lo ha resucitado».

Jesús les habló y les explicó todo lo que había sucedido. «Tendré que ir muy pronto donde mi Padre, que está en el cielo» —les dijo.

«Anuncien a todos las noticias que yo les he anunciado: ámense y perdónense unos a otros».

«Así serán entonces amigos de Dios para siempre en su reino eterno».

Con la ayuda de Dios, los amigos de Jesús cumplieron todo esto.

Estas noticias se siguen anunciando el día de hoy.